Aeronaves de combate

Grace Hansen

Abdo
VEHÍCULOS Y AERONAVES MILITARES
Kids

abdopublishing.com

Published by Abdo Kids, a division of ABDO, PO Box 398166, Minneapolis, Minnesota 55439.

Printed in the United States of America, North Mankato, Minnesota.

052017

092017

THIS BOOK CONTAINS RECYCLED MATERIALS

Spanish Translator: Maria Puchol

Photo Credits: af.mil, Images of Freedom, iStock, marines.mil, Shutterstock

Production Contributors: Teddy Borth, Jennie Forsberg, Grace Hansen

Design Contributors: Laura Mitchell, Dorothy Toth

Publisher's Cataloging in Publication Data

Names: Hansen, Grace, author.

Title: Aeronaves de combate / by Grace Hansen.

Other titles: Military attack aircraft

Description: Minneapolis, Minnesota : Abdo Kids, 2018. | Series: Vehículos y aeronaves militares | Includes bibliographical references and index.

Identifiers: LCCN 2016963385 | ISBN 9781532102097 (lib. bdg.) | ISBN 9781532102899 (ebook)

Subjects: LCSH: Bombers--Juvenile literature. | Attack planes--Juvenile literature. | Airplanes, Military--Juvenile literature. | Fighter planes--Juvenile literature. | Spanish language materials--Juvenile literature.

Classification: DDC 623.74--dc23

LC record available at http://lccn.loc.gov/2016963385

Contenido

Las aeronaves de combate

Las aeronaves de combate vuelan a baja altitud y baja velocidad. Están diseñadas para ofrecer apoyo aéreo cercano. También realizan ataques aéreos de **precisión**.

El A-10 Thunderbolt II

El A-10 Thuderbolt II puede sobrevolar campos de batalla durante horas. Apoya a las tropas en tierra. Puede destruir tanques enemigos muy fácilmente.

FT
9159
FT
9157
0967

El A-10 está diseñado para destruir tanques. El GAU-8 Avenger es una ametralladora de siete cañones automáticos. Dispara 3,900 proyectiles perforantes por minuto.

Un A-10 debe volar a muy baja altitud para detectar los tanques enemigos. Esto los hace **vulnerables** a los ataques. Los A-10 pueden seguir volando incluso con daños importantes.

El AH-1 SuperCobra

El AH-1 SuperCobra fue el primero de su clase. Provee apoyo aéreo cercano. Su principal trabajo es proteger a los **marines** cuando son atacados.

MARINES
160108
SE
32

Tienen un arma M197 de tres cañones debajo de la nariz. Puede llevar acoplados ocho misiles Hellfire. El copiloto sentado al frente es el artillero.

JET
DANGER
INTAKE

El AH-64D Apache

El AH-64D Apache es otro helicóptero de ataque. Es un helicóptero muy equipado y fácil de maniobrar. Puede llevar a cabo muchas misiones.

La cabina del Apache es para dos tripulantes. Uno es el piloto y el otro el artillero. El piloto se sienta detrás del artillero.

Este helicóptero puede llevar 16 misiles Hellfire. Uno de esos misiles puede destruir un tanque. El cañón automático se puede controlar desde la pantalla del casco del piloto. Apunta hacia donde el piloto está mirando.

El AH-64D Apache de cerca

- Rotor principal con cuatro palas y rotor de cola
- Una cúpula contiene el sistema de radar de control de fuego donde se recoge y procesa información del campo de batalla
- Velocidad: 173 millas por hora (278 km/h)
- Alcance: 300 millas (483 km)
- Dos turboejes T700-GE-701

Glosario

marine – miembro del Cuerpo de Marines de los Estados Unidos.

precisión – que se hace con exactitud.

vulnerable – que puede ser herido.

Índice

abdokids.com

¡Usa este código para entrar en abdokids.com y tener acceso a juegos, arte, videos y mucho más!